Impressum
Verlag: BABADADA GmbH, Nedderfeld 112 , 22529 Hamburg
Geschäftsführer / Verlagsleitung: Harald Hof
Druck: Books on Demand GmbH, In de Tarpen 42, 22848 Norderstedt

Imprint
Publisher: BABADADA GmbH, Nedderfeld 112 , 22529 Hamburg, Germany
Managing Director / Publishing direction: Harald Hof
Print: Books on Demand GmbH, In de Tarpen 42, 22848 Norderstedt

škola
shule

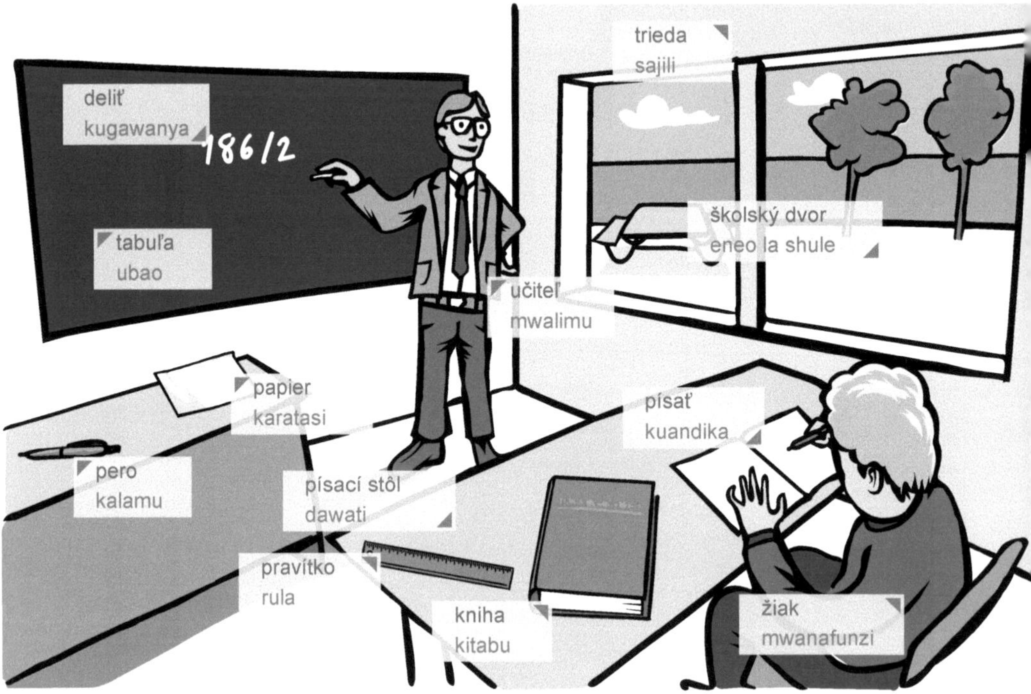

trieda
sajili
deliť
kugawanya
186/2
tabuľa
ubao
školský dvor
eneo la shule
učiteľ
mwalimu
papier
karatasi
písať
kuandika
pero
kalamu
písací stôl
dawati
pravítko
rula
kniha
kitabu
žiak
mwanafunzi

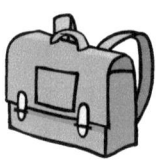

školská taška

mkoba

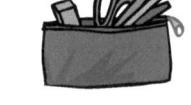

peračník

kikasha cha penseli

ceruza

penseli

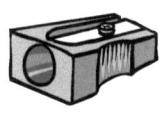

strúhadlo na ceruzky

kichonga penseli

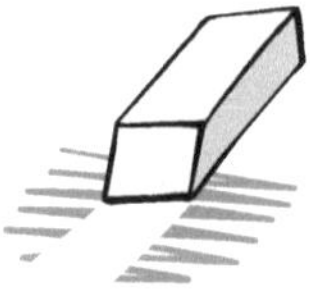

guma

mpira

skicár

pedi ya kuchora

kresba
uchoraji

štetec
brashi ya rangi

vodové farby
sanduku la rangi

nožnice
mkasi

lepidlo
gundi

cvičný zošit
daftari

domáca úloha
kazi ya nyumbani

číslo
nambari

sčítať
jumlisha

odčítať
ondoa

násobiť
zidisha

počítať
kokotoa

písmeno
barua

abeceda
alfabeti

slovo
neno

text

maandishi

čítať

kusoma

krieda

chaki

hodina

somo

triedna kniha

sajili

skúška

uchunguzi

certifikát

cheti

školská uniforma

sare za shule

vzdelanie

elimu

encyklopédia

elezo

univerzita

chuo kikuu

mikroskop

darubini

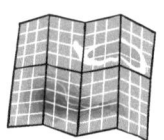

mapa

ramani

kôš na papier

kikapu cha kuweka karatasi chafu

cesta
usafiri

hotel
hoteli
Grand
nocľaháreň
hosteli
ROOMS
zmenáreň
ofisi ya ubadilishanaji
kufor
sanduku
auto
gari

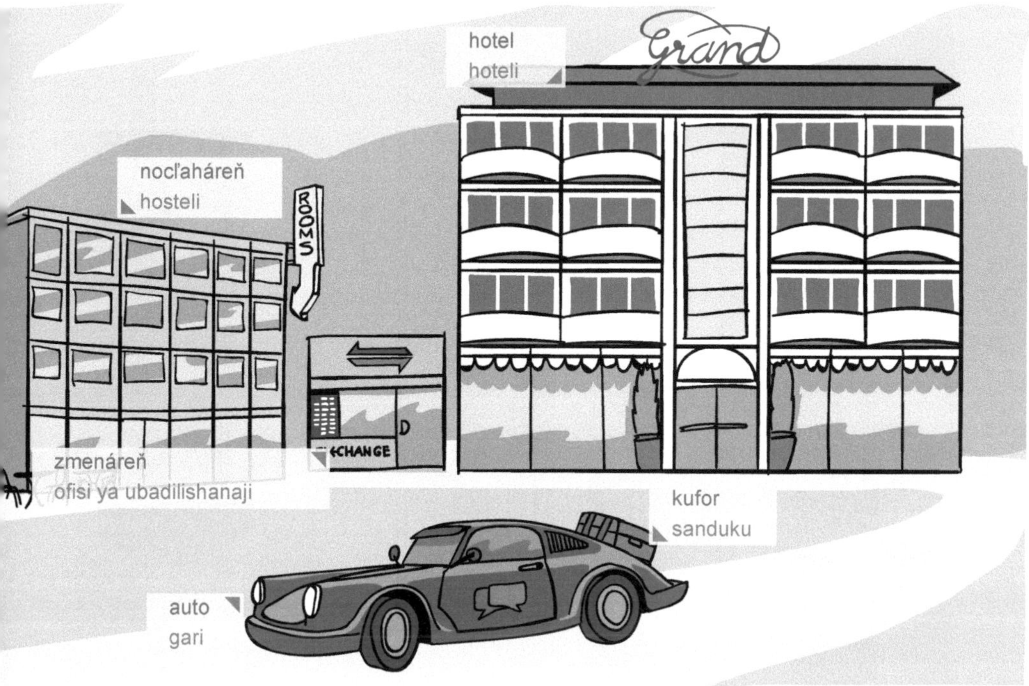

jazyk

lugha

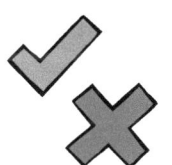

áno/nie

ndiyo / la

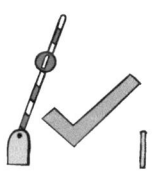

v poriadku

sawa

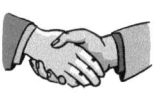

ahoj

hujambo

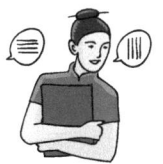

prekladateľ

mtafsiri

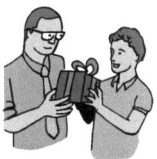

ďakujem

Asante

Koľko stojí ... ?

kiasi gani ni ...?

Nerozumiem

Sielewi

problém

tatizo

Dobrý večer!

Jioni njema!

Dobré ráno!

Habari za asubuhi!

Dobrú noc!

Usiku mwema!

Dovidenia

kwa heri

smer

mwelekeo

batožina

mizigo

taška

mfuko

batoh

shanta

hosť

mgeni

izba

chumba

spacák

begi la kulalia

stan

hema

informácie pre turistov

taarifa ya utalii

pláž

ufuo

kreditná karta

kadi

raňajky

kifunguakinywa

obed

chakula cha mchana

večera

chakula cha jioni

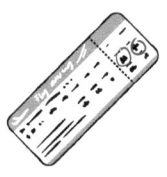

cestovný lístok

tiketi

výťah

kuinua

poštová známka

muhuri

hranica

mpaka

clo

mila

veľvyslanectvo

ubalozi

vízum

visa

cestovný pas

pasipoti

doprava
usafiri

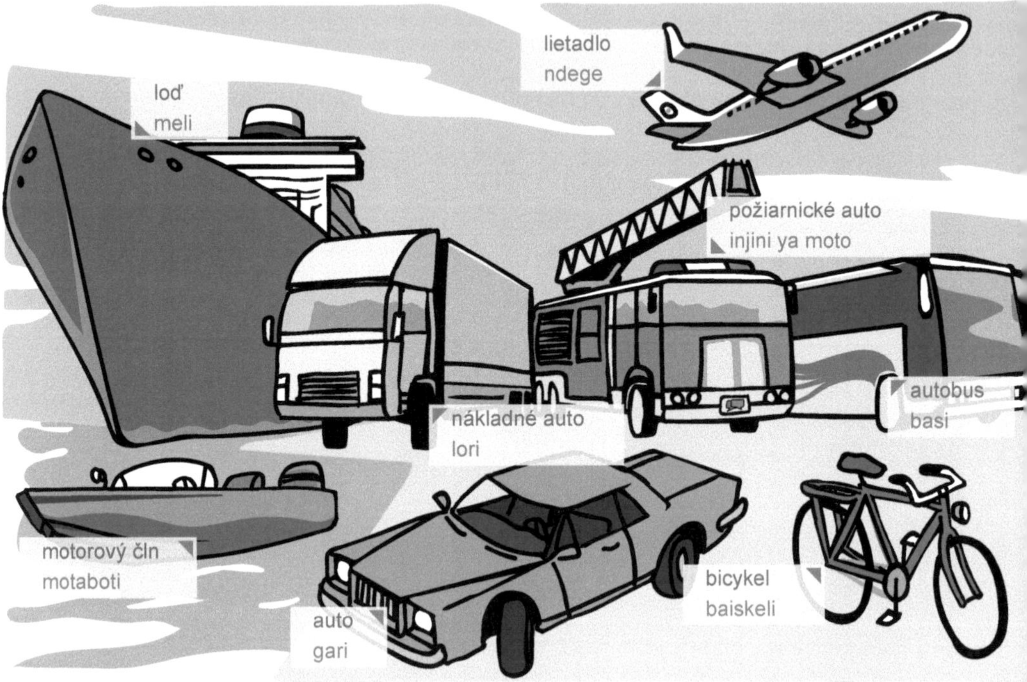
lietadlo
ndege
loď
meli
požiarnické auto
injini ya moto
autobus
basi
nákladné auto
lori
motorový čln
motaboti
bicykel
baiskeli
auto
gari

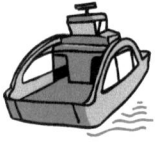

trajekt

feri

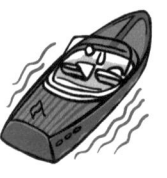

loď

mashua

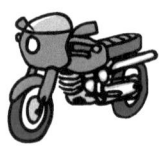

motorka

pikipiki

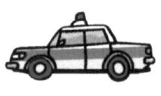

policajné auto

gari la polisi

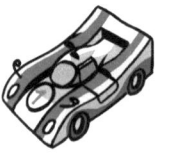

pretekárske auto

gari la mashindano

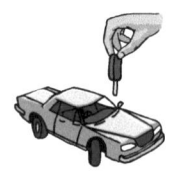

vozidlo z požičovne

gari la kukodisha

carsharing

kushiriki gari

odťahové auto

lori la kuvuta

smetiarske auto

ukusanyaji taka

motor

motor

benzín

mafuta

čerpacia stanica

kituo cha mafuta

dopravná značka

ishara trafiki

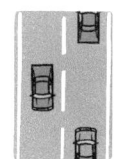

premávka

trafiki

zápcha

msongamano

parkovisko

maegesho

vlaková stanica

kituo cha treni

trate

reli

vlak

garimoshi

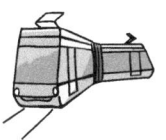

električka

tremu

vagón

gari la mizigo

helikoptéra
helikopta

letisko
uwanja wa ndege

veža
mnara

pasažier
abiria

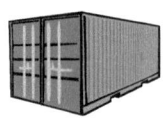

kontajner
chombo

kartón
katoni

vozík
mkokoteni

kôš
kikapu

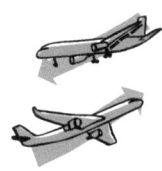

štartovať / pristáť
ondoka

mesto

jiji

dedina
kijiji

centrum mesta
katikati ya jiji

dom
nyumba

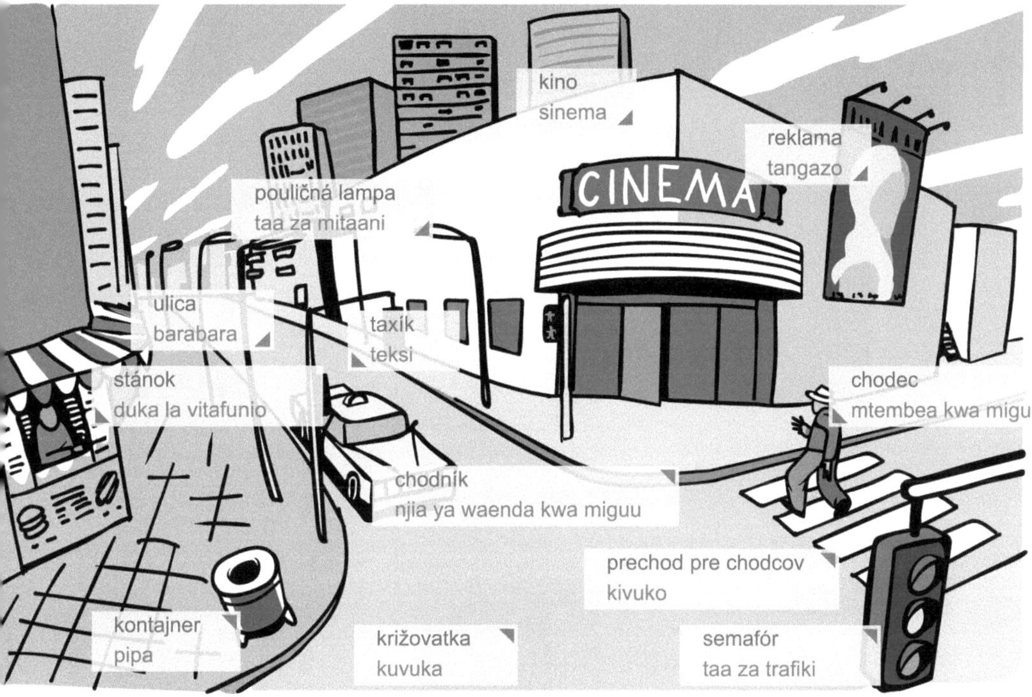

kino
sinema

reklama
tangazo

pouličná lampa
taa za mitaani

CINEMA

ulica
barabara

taxík
teksi

stánok
duka la vitafunio

chodec
mtembea kwa miguu

chodník
njia ya waenda kwa miguu

prechod pre chodcov
kivuko

kontajner
pipa

križovatka
kuvuka

semafór
taa za trafiki

chata

kibanda

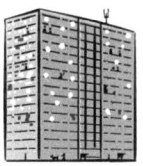

byt

gorofa

vlaková stanica

kituo cha treni

radnica

ukumbi wa mji

múzeum

Makavazi

škola

shule

univerzita

chuo kikuu

banka

benki

nemocnica

hospitali

hotel

hoteli

lekáreň

duka la dawa

kancelária

ofisi

kníhkupectvo

duka la kitabu

obchod

duka

kvetinárstvo

duka la maua

supermarket

dukakuu

trh

soko

obchodný dom

idara ya kuhifadhi

obchodník s rybami

mwuza samaki

nákupné stredisko

kituo cha ununuzi

prístav

bandari

park

Hifadhi

lavička

benki

most

daraja

schody

vidato

metro

chini ya ardhi

tunel

handaki

autobusová zastávka

kituo cha mabasi

bar

bar

reštaurácia

mgahawa

poštová schránka

sanduku la posta

tabuľa s názvom ulice

ishara ya barabara

parkovacie hodiny

mita ya maegesho

ZOO

bustani ya wanyama

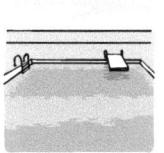

plaváreň

kidimbwi cha kuogelea

mešita

msikiti

farma
....
shamba

znečisťovanie životného
prostredia
....
uchafuzi

cintorín
....
makaburini

kostol
....
kanisa

ihrisko
....
uwanja wa michezo

chrám
....
hekalu

terén
mazingira

list
jani

smerová tabuľa
ishara ya mwelekeo

cesta
njia

lúka
malisho

kameň
jiwe

turista
mtembeaji wa masafa

strom
mti

rieka
mto

tráva
nyasi

kvet
ua

dolina

bonde

kopec

kilima

jazero

ziwa

les

msitu

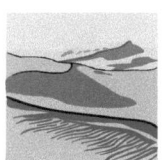

púšť

jangwa

vulkán

volkano

zámok

ngome

dúha

upinde wa mvua

hríb

uyoga

palma

mtende

komár

mbu

mucha

kuruka

mravec

chungu

včela

nyuki

pavúk

buibui

chrobák

mende

žaba

chura

veverička

kuchakuro

jež

nungunungu

zajac

sungura

sova

bundi

vták

ndege

labuť

swan

diviak

nguruwe mwitu

jeleň

kulungu

los

aina ya kongoni

hrádza

bwawa

veterná turbína

tabo ya upepo

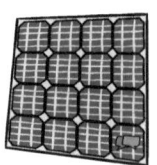

solárny panel

nishaji ya jua

podnebie

hali ya hewa

reštaurácia
mgahawa

čašník
mhudumu
jedálny lístok
menyu
stolička
kiti
polievka
supu
pizza
piza
príbor
vilia
obrus
kitambaa cha mezani

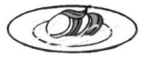

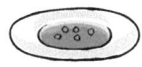

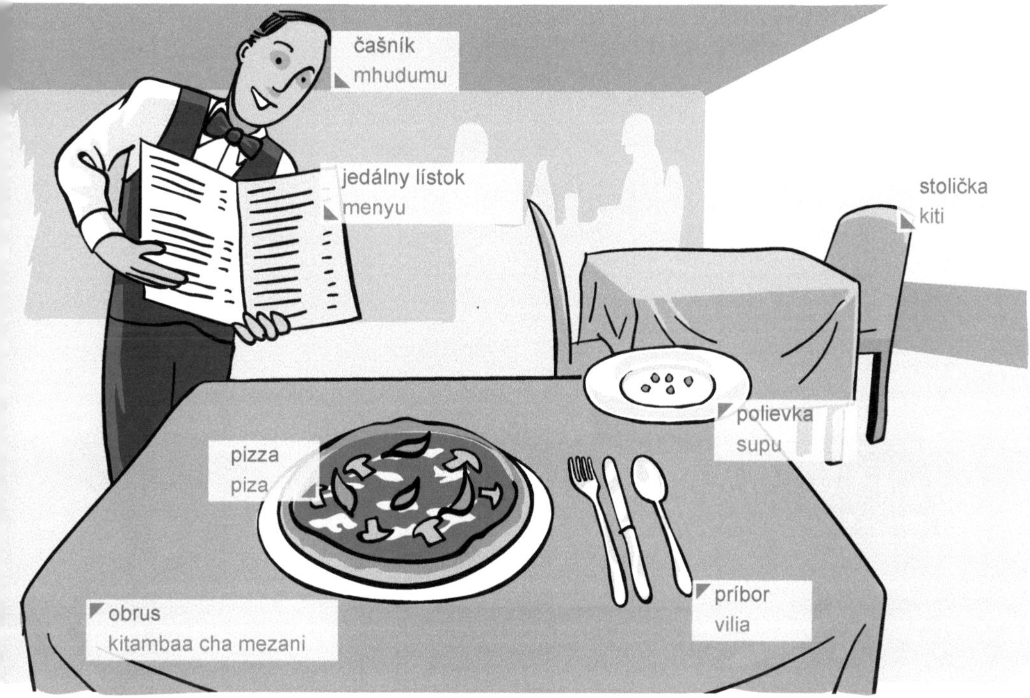

predjedlo

kiamsha hamu

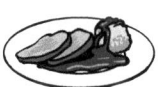

hlavné jedlo

kozi kuu

zákusok

kitindamlo

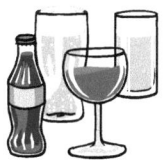

nápoje

vinywaji

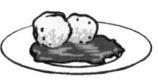

jedlo

chakula

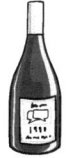

fľaša

chupa

fast-food

chakula cha haraka

street food

Streetfood

kanvica na čaj

buli

cukornička

kisanduku cha sukari

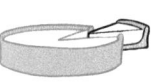

porcia

sehemu

stroj na espresso

mashine ya espresso

detská stolička

kiti kirefu

účet

muswada

podnos

trei

nôž

kisu

vidlička

uma

lyžica

kijiko

čajová lyžička

kijiko cha chai

obrúsok

nepi

pohár

glasi

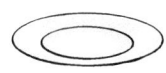

tanier

sahani

hlboký tanier

sahani ya supu

podšálka

sufuria

omáčka

mchuzi

soľnička

kichanyaji chumvi

mlynček na korenie

kinu cha pilipili

ocot

siki

olej

mafuta

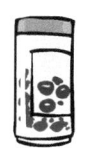

korenie

viungo

kečup

kechapu

horčica

haradali

majonéza

kachumbari nzito

supermarket
dukakuu

špeciálna ponuka
ofa maalum
klient
mteja
mliečne výrobky
maziwa
nákupný vozík
toroli
ovocie
matunda
FOR

BUTCHERS

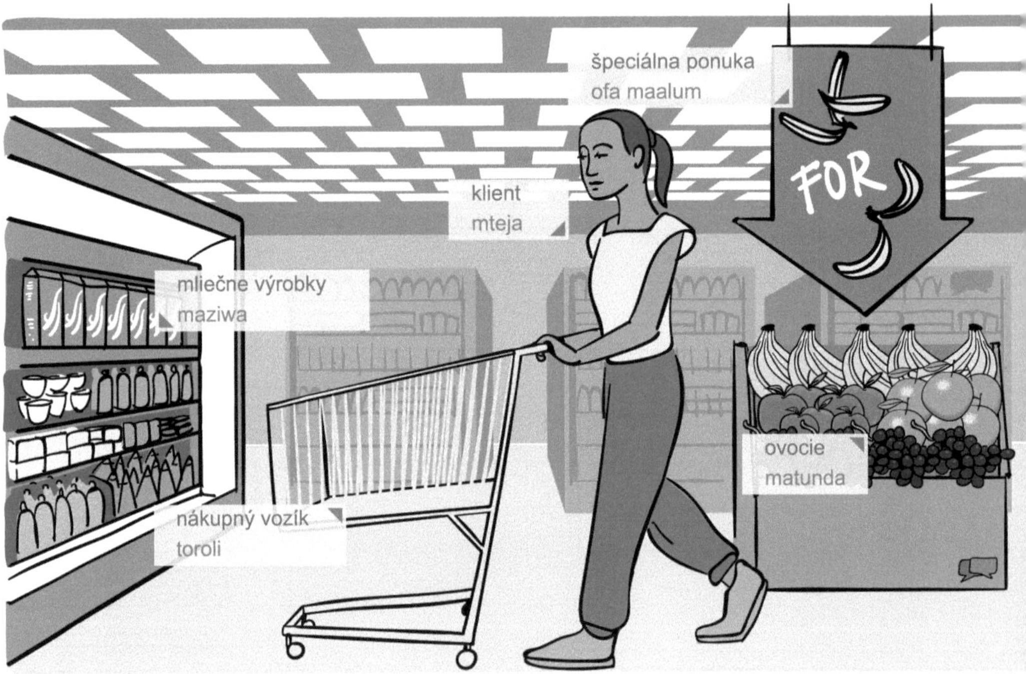

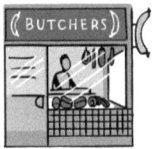

mäsiarstvo

mchinjaji

BAKERY

pekáreň

mwokaji

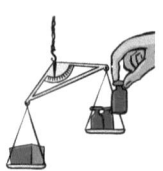

vážiť

uzito

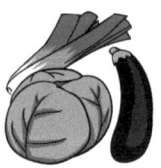

zelenina

mboga

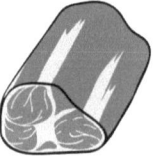

mäso

nyama

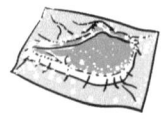

mrazené potraviny

chakula waliohifadhiwa

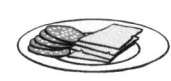

nárez

pande vya nyama baridi

konzervy

chakula cha kopo

prací prostriedok

sabuni ya unga

sladkosti

pipi

domáce potreby

bidhaa za kaya

čistiace prostriedky

bidhaa za kusafisha

predavačka

mtu mauzo

pokladňa

mpaka

pokladník

keshia

nákupný zoznam

orodha ya manunuzi

otváracie hodiny

masaa ya ufunguzi

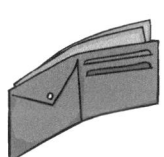

peňaženka

mkoba

kreditná karta

kadi

taška

mfuko

plastové vrecko

mfuko wa plastiki

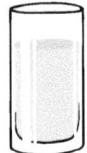

voda

maji

džús

sharubati

mlieko

maziwa

kola

coke

víno

mvinyo

pivo

bia

alkohol

pombe

kakao

kakao

čaj

chai

káva

kahawa

espresso

spreso

kapučíno

kapuchino

banán

ndizi

jablko

tufaha

pomaranč

machungwa

melón

tikiti

citrón

lemon

mrkva

karoti

cesnak

kitunguu saumu

bambus

mianzi

cibuľa

kitunguu

hríb

uyoga

orechy

karanga

rezance

nudo

špagety

spageti

ryža

mpunga

šalát

saladi

hranolky

vibanzi

pečené zemiaky

viazi vya kukaanga

pizza

piza

hamburger

hambaga

obložený chlebík

sandwichi

rezeň

kipande

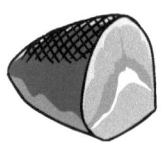

šunka

paja la mnyama

saláma

salami

klobása

soseji

kurča

kuku

pečené mäso

choma

ryba

samaki

ovsené vločky

oats ya uji

müsli

muesli

kukuričné lupienky

cornflakes

múka

unga

croissant

kroisanti

pečivo

andazi

chlieb

mkate

hrianka

mkate wa kubanika

sušienky

biskuti

maslo

siagi

tvaroh

maziwa mgando

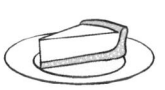

koláč

keki

vajce

yai

volské oko

yai kukaanga

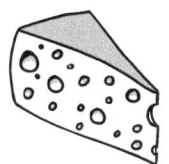

syr

jibini

zmrzlina

aiskrimu

cukor

sukari

med

asali

lekvár

jemu

nugátová nátierka

kuenea kwa chokoleti

karí korenie

mchuzi wa viungo

jedlo - chakula

farma
shamba

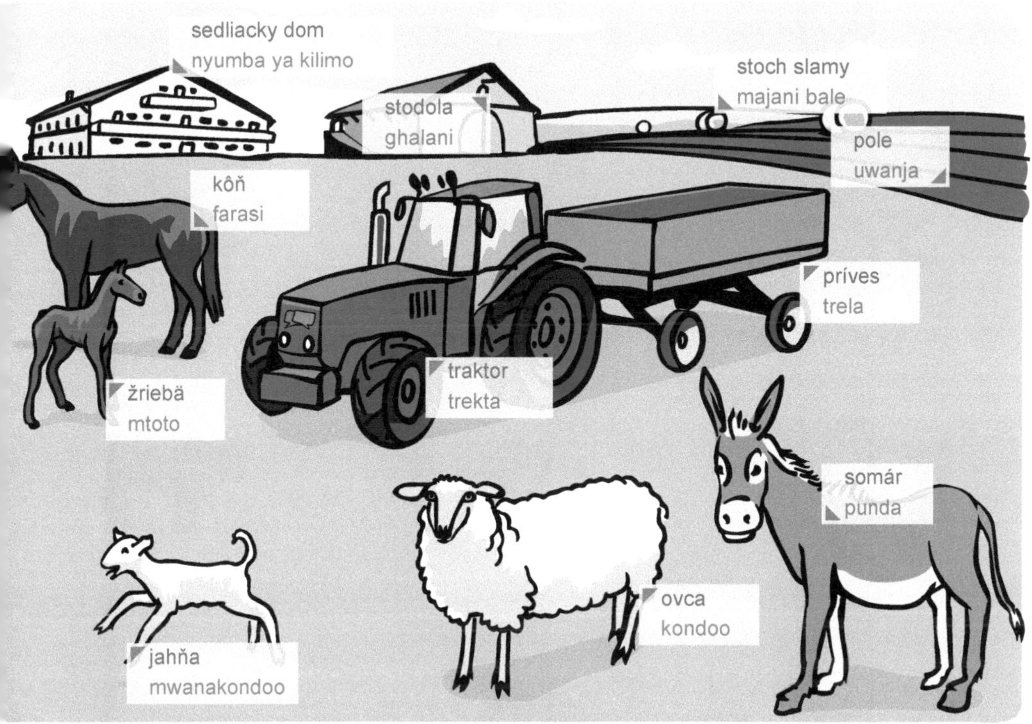
sedliacky dom
nyumba ya kilimo
stodola
ghalani
stoch slamy
majani bale
pole
uwanja
kôň
farasi
príves
trela
traktor
trekta
žriebä
mtoto
somár
punda
ovca
kondoo
jahňa
mwanakondoo

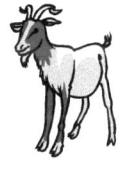

koza

mbuzi

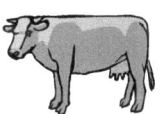

krava

ng'ombe

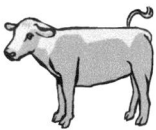

teľa

ndama

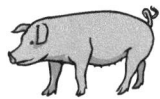

prasa

nguruwe

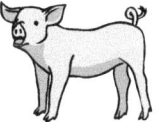

prasiatko

mwananguruwe

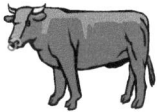

býk

fahali

hus

batabukini

kačica

bata

kuriatko

kifaranga

sliepka

kuku

kohút

jogoo

potkan

panya

mačka

paka

myš

panya

vôl

ng'ombe

pes

mbwa

psia búda

nyumba ya mbwa

záhradná hadica

bomba la bustani

krhla

debe la kumwagilia maji

kosa

fyekeo

pluh

kulima

kosák

mundu

motyka

jembe

vidly na hnoj

uma wa nyasi

sekera

shoka

fúrik

toroli

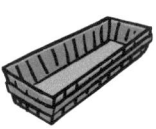

koryto

kupitia nyimbo

kanva na mlieko

chombo cha maziwa

vrece

gunia

plot

ua

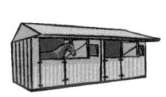

maštaľ

imara

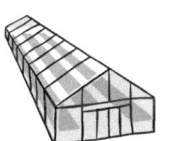

skleník

chafu

pôda

udongo

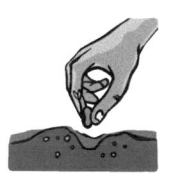

osivo

mbegu

hnojivo

mbolea

kombajn

kivunaji

žať

mavuno

žatva

mavuno

batát

viazi vikuu

pšenica

ngano

sója

soya

zemiak

viazi

kukurica

mahindi

repka

rapa

ovocný strom

mti wa matunda

maniok

muhogo

obilie

nafaka

dom
nyumba

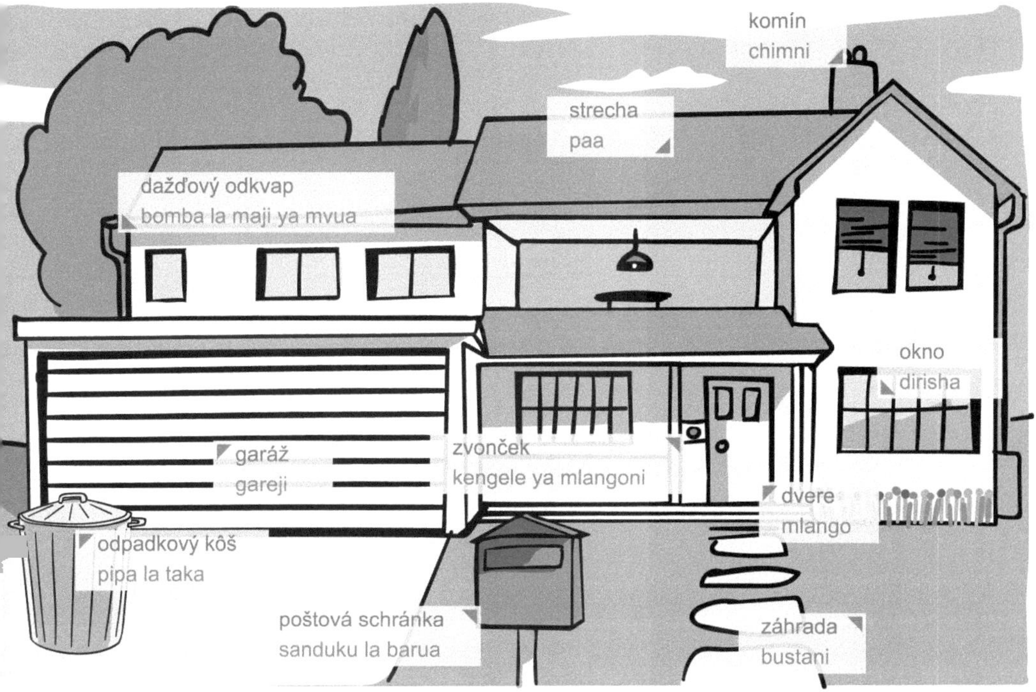
komín
chimni
strecha
paa
dažďový odkvap
bomba la maji ya mvua
okno
dirisha
garáž
gareji
zvonček
kengele ya mlangoni
dvere
mlango
odpadkový kôš
pipa la taka
poštová schránka
sanduku la barua
záhrada
bustani

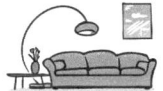

obývačka

sebuleni

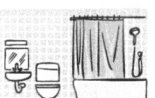

kúpeľňa

bafu

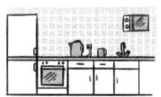

kuchyňa

jikoni

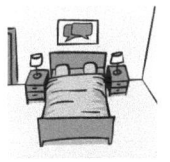

spálňa

chumba cha kulala

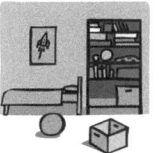

detská izba

chumba ya mtoto

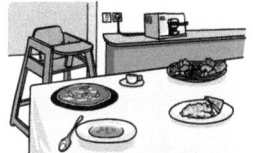

jedáleň

chumba cha kulia

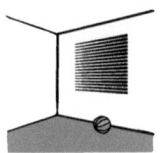

podlaha
....
sakafu

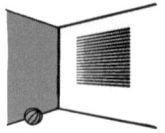

stena
....
ukuta

strop
....
dari

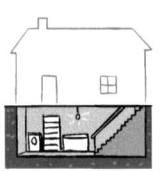

pivnica
....
pishi

sauna
....
sauna

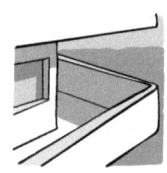

balkón
....
roshani

terasa
....
mtaro

bazén
....
kidimbwi

kosačka
....
mashine ya kukata nyasi

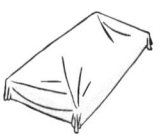

obliečka
....
karatasi

posteľná prikrývka
....
kitambaa cha kupamba
kitanda

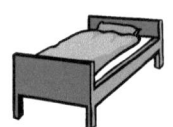

posteľ
....
kitanda

metla
....
ufagio

vedro
....
ndoo

vypínač
....
kubadili

obývačka
sebuleni

tapeta
mandhari
obraz
picha
lampa
taa
regál
rafu
skriňa
kabati
televízor
televisheni/runinga
kozub
mekoni
kvet
ua
vankúš
mto
pohovka
sofa
váza
chombo cha maua
diaľkové ovládanie
kitenzambali

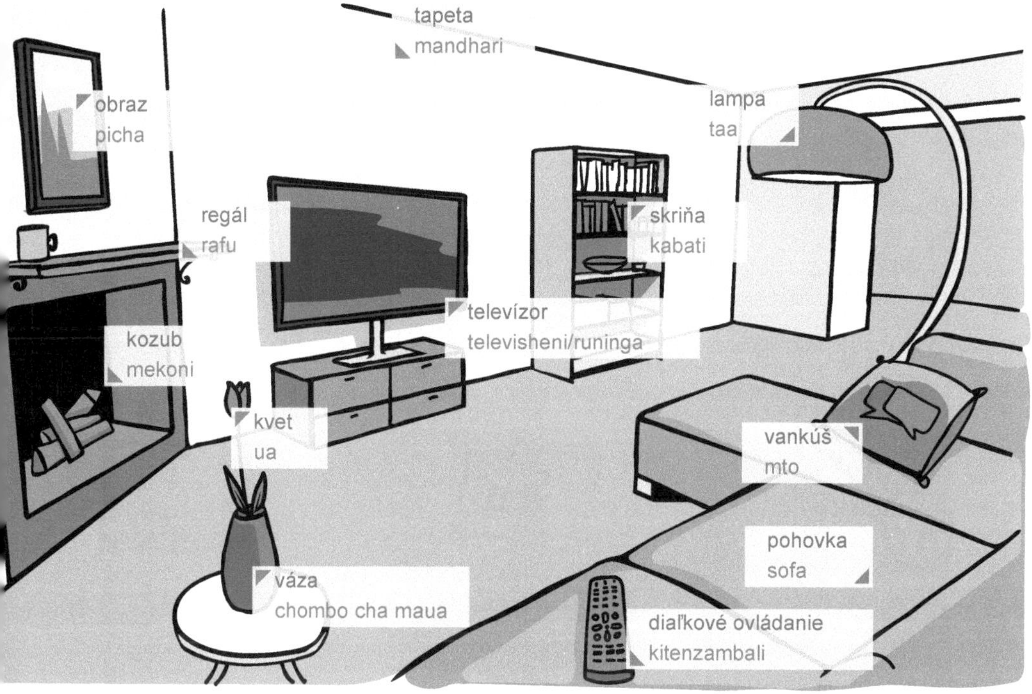

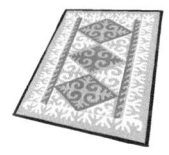

koberec

zulia

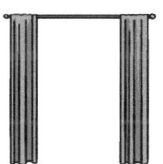

záclona

pazia

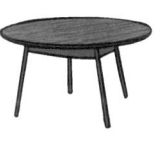

stôl

meza

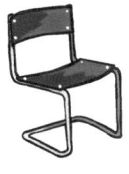

stolička

kiti

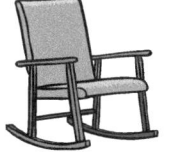

hojdacie kreslo

kiti cha bembea

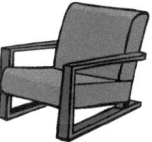

kreslo

armchair

kniha

kitabu

prikrývka

blanketi

dekorácia

mapambo

drevo na kúrenie

kuni

film

filamu

hi-fi veža

kifaa cha hi-fi

kľúč

ufunguo

noviny

gazeti

maľba

uchoraji

plagát

bango

rádio

redio

zápisník

daftari

vysávač

kifyonza

kaktus

dungusi kakati

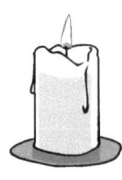

sviečka

mshumaa

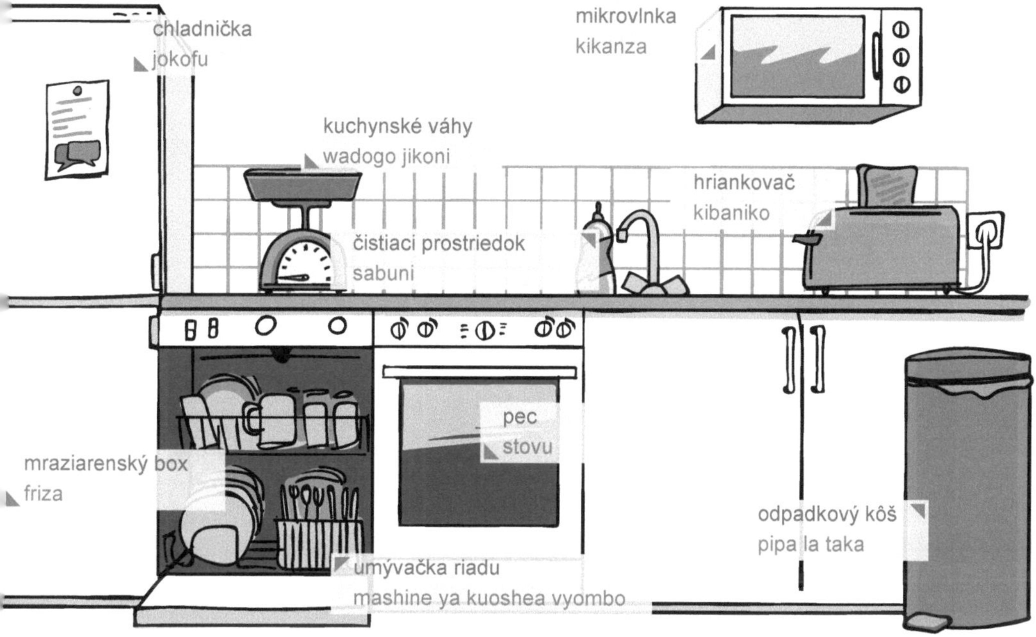

chladnička
jokofu

mikrovlnka
kikanza

kuchynské váhy
wadogo jikoni

hriankovač
kibaniko

čistiaci prostriedok
sabuni

pec
stovu

mraziarenský box
friza

odpadkový kôš
pipa la taka

umývačka riadu
mashine ya kuoshea vyombo

sporák
jiko la kupika

hrniec
chungu

železný hrniec
sufuria ya chuma

wok / kadai
wok / kadai

panvica
kaango

rýchlovarná kanvica
birika

parný hrniec

stima

plech na pečenie

sinia ya kuoka

riad

vyombo vya udongo

pohár

kombe

misa

bakuli

paličky

vijiti vya kulia

naberačka na polievku

ukawa

stierka

mwiko mpana

metlička

burashi

cedidlo

kichujio

sitko

chujio

strúhadlo

mbuzi

mažiar

chokaa

gril

barbeque

ohnisko

moto wazi

doska na krájanie

ubao wa majaribio

valček na cesto

kijiti cha kusukuma unga

vývrtka

kizibuo

konzerva

kopo

otvárač na konzervy

inaweza kopo

chňapka

kishikio cha chungu

výlevka

karo

kefa

brashi

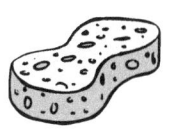

hubka

sifongo

mixér

kisagaji matunda

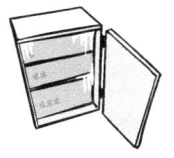

mraznička

friji ya kina

kojenecká fľaša

chupa ya mtoto

vodovodný kohútik

bomba

kúpeľňa
bafu

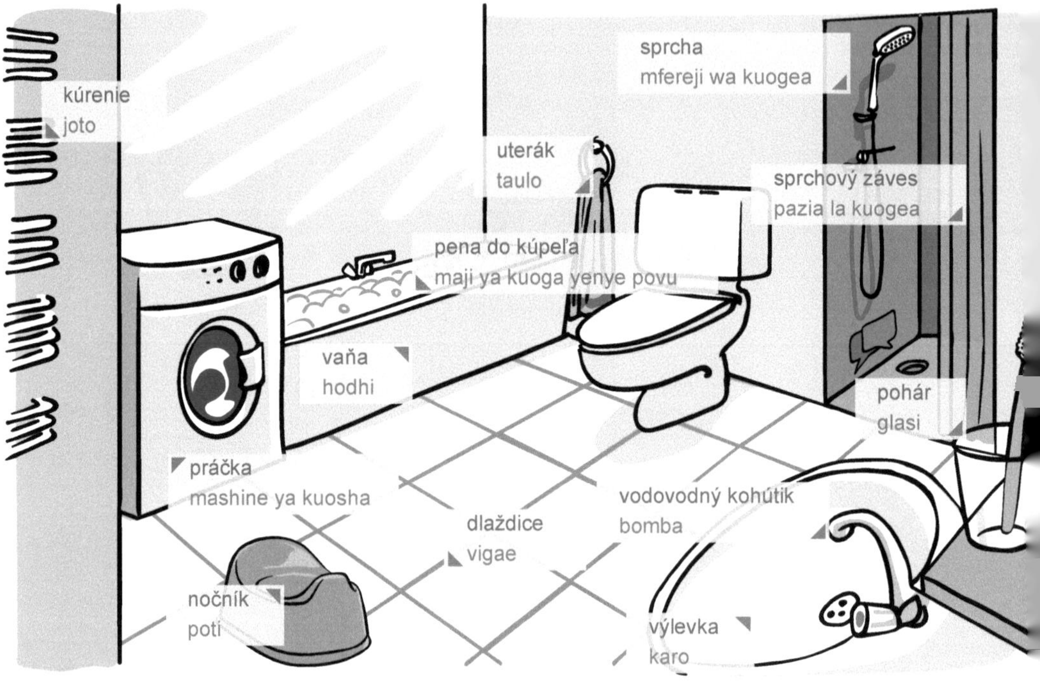

kúrenie
joto
sprcha
mfereji wa kuogea
uterák
taulo
sprchový záves
pazia la kuogea
pena do kúpeľa
maji ya kuoga yenye povu
vaňa
hodhi
pohár
glasi
práčka
mashine ya kuosha
vodovodný kohútik
bomba
dlaždice
vigae
nočník
potí
výlevka
karo

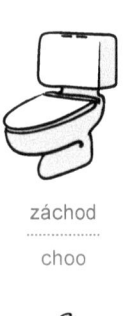

záchod

choo

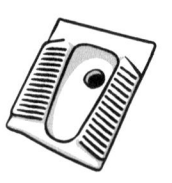

suchý záchod

choo cha squat

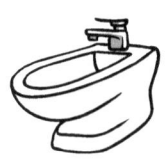

bidet

beseni la mviringo

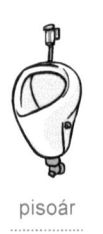

pisoár

choo cha umma

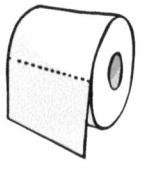

toaletný papier

shashi

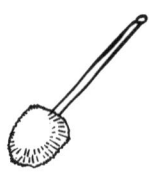

záchodová kefa

brashi ya choo

zubná kefka

mswaki

zubná pasta

dawa ya meno

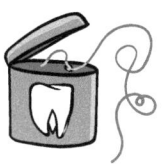

dentálna niť

dawa ya meno

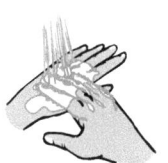

umývať

safisha

ručná sprcha

kuoga mkono

sprcha pre intímnu hygienu

msukumo wa maji

umývadlo

bonde

kefa na chrbát

mpako wa pili

mydlo

sabuni

sprchový gél

jeli ya kuogea

šampón

shampuu

frotírová rukavica

flana

odtok

toa maji

krém

krimu

dezodorant

kiondoa harufu

zrkadlo

kioo

kozmetické zrkadlo

kioo mkono

žiletka

kinyozi

pena na holenie

povu la kunyoa

voda po holení

baada ya kunyoa

hrebeň

kichana

kefa

brashi

sušič vlasov

kikausha nywele

sprej na vlasy

marashi ya nyewele

make-up

vipodozi

rúž

kidomwa

lak na nechty

varnish ya msumari

vata

pamba

nožnice na nechty

mkasi wa kucha

parfum

manukato

kúpeľňa - bafu

kozmetická taška

mkoba wa kuosha

stolček

kinyesi

váha

mizani

kúpací plášť

nguo ya kuoga

gumové rukavice

glavu za mpira

tampón

kisodo

menštruačná vložka

sodo

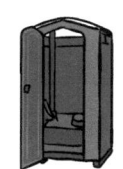

chemické WC

kemikali choo

detská izba

chumba ya mtoto

budík
saa ya kengele
plyšová hračka
kidoli cha kupakata
hračkárske auto
gari bandia
hrkálka
kelele
domček pre bábiky
chumba cha midoli
dar
sasa

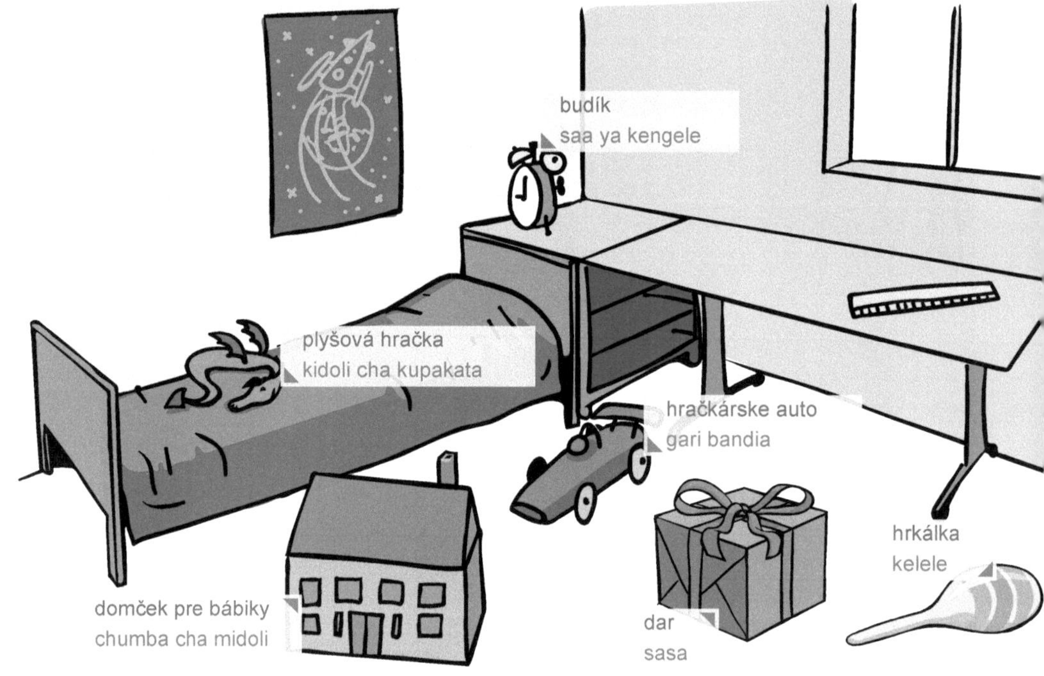

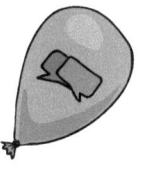

balón

baluni

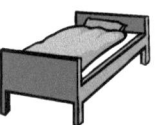

posteľ

kitanda

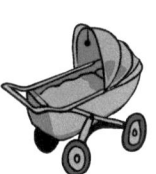

detský kočík

mashua

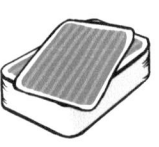

karty

staha ya kadi

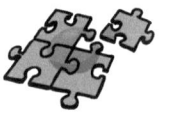

puzzle

mchezo-fumb

komix

vichekesho

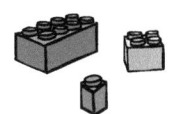

skladačka lego

matofali lego

stavebnica

vitalu mwigo

akčná postavička

hatua takwimu

dupačky

suti ya kulalia

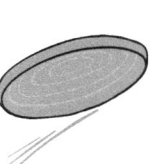

lietajúci tanier

kisahani

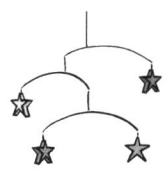

závesné hračky

simu

stolová hra

ubao wa michezo

kocka

kete

modelový vláčik

garimoshi mwigo

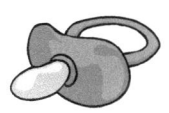

cumlík

dummy

párty

chama

obrázková kniha

picha kitabu

lopta

mpira

bábika

kikaragosi

hrať sa

kucheza

pieskovisko

shimo la mchanga

hojdačka

bembea

hračky

vitu bandia

hracia konzola

kiweko cha video ya mchezo

trojkolka

baiskeli ya magurudumu

medvedík

mwanasesere

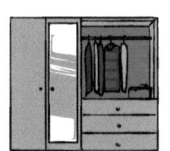

šatník

kabati

matatu

šatstvo

nguo

ponožky

soksi

pančuchy

stokingi

pančuchové nohavičky

kibano

šál
skafu

opasok
ukanda

dáždnik
mwavuli

tričko
fulana

tenisky
wakufunzi

čižmy
viatu

papuče
ndara

sandále	topánky	gumáky
malapa	viatu	mabuti ya mpira

spodky	podprsenka	tielko
suruali ya ndani	sidiria	fulana

body

mwili

nohavice

suruali

džínsy

dangirizi

sukňa

sketi

blúzka

blauzi

košeľa

shati

pulóver

vuta

sveter

sweta

blejzer

bleza

bunda

jaketi

kabát

koti

pršiplášť

koti la mvua

kostým

maleba

šaty

gauni

svadobné šaty

mavazi ya harusi

oblek

suti

nočná košeľa

vazi la usiku

pyžamo

pajama

sari

sari

šatka na hlavu

skafu

turban

kilemba

burka

burka

kaftan

kaftan

abaja

abaya

dvojdielne plavky

vazi la kuogelea

plavky

vazi la kiume la kuogelea

šortky

kaptura

teplákova súprava

teitei

zástera

aproni

rukavice

glavu

gombík

kifungo

okuliare

glasi

náramok

bangili

retiazka

mkufu

prsteň

pete

náušnica

herini

čiapka

kofia

vešiak

kiango cha koti

klobúk

kofia

kravata

tai

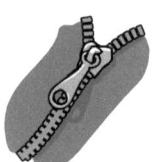

zips

zipu

prilba

kofia

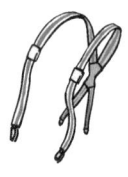

traky

kanda za suruali

školská uniforma

sare za shule

uniforma

sare

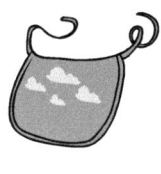

podbradník

bibu

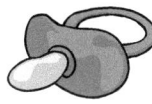

cumlík

dummy

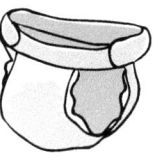

plienka

nepi

kancelária

ofisi

server
seva
skriňa na spisy
kabati la kuweka faili
tlačiareň
kichapishaji
papier
karatasi
monitor
kiwambo
písací stôl
dawati
myš
kipanya
zakladač
folda
klávesnica
kibodi
a papier
u cha kuweka karatasi chafu
stolička
kiti
počítač
kompyuta

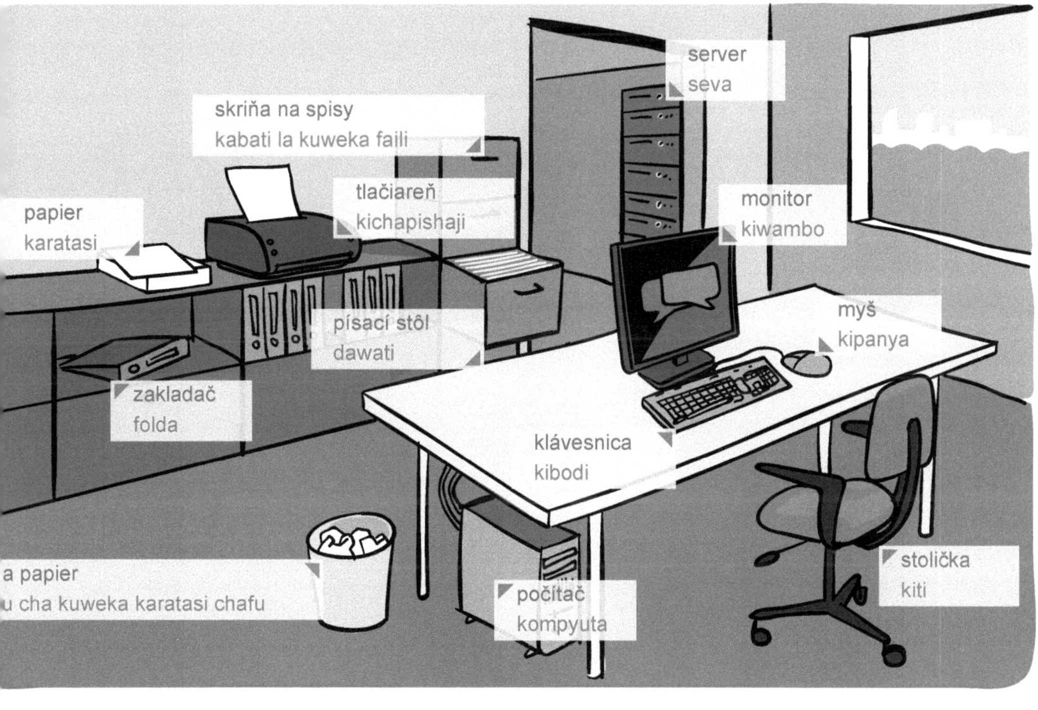

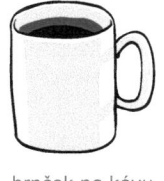

hrnček na kávu

kmobe la kahawa

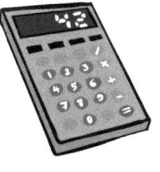

kalkulačka

kikokotoo

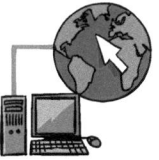

internet

biashara

laptop

mbali

list

barua

správa

ujumbe

mobil

rununu

sieť

intaneti

kopírka

fotokopia

softvér

programu

telefón

simu

elektrická zásuvka

soketi

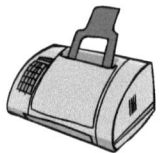

fax

kipepesi

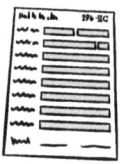

formulár

fomu

doklad

hati

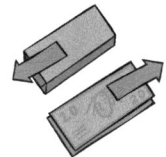

kúpiť

kununua

platiť

kulipa

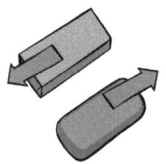

obchodovať

biashara

peniaze

fedha

dolár

dola

euro

yuro

jen

yeni

rubeľ

rouble

švajčiarsky frank

faranga ya Uswisi

čínsky jüan

renminbi yuan

rupia

rupia

bankomat

eneo la kulipia

zmenáreň

ofisi ya ubadilishanaji

zlato

dhahabu

striebro

fedha

ropa

mafuta

energia

nishati

cena

bei

zmluva

mkataba

daň

kodi

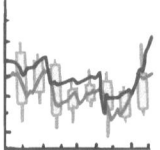

akcia

bidhaa

pracovať

kazi

zamestnanec

mfanyakazi

zamestnávateľ

mwajiri

továreň

kiwanda

obchod

duka

policajt
afisa wa polisi

hasič
mzimamoto

kuchár
mpishi

lekár
daktari

pilót
rubani

záhradník

mtunza bustani

stolár

seremala

krajčírka

mshonaji

sudca

hakimu

chemik

mwanakemia

herec

muigizaji

vodič autobusu

dereva wa basi

taxikár

dereva wa teksi

rybár

mvuvi

upratovačka

mwanamke wa kusafisha

pokrývač

mwezekaji

čašník

mhudumu

poľovník

mwindaji

maliar

mchoraji

pekár

mwokaji

elektrikár

umeme

stavebný robotník

mjenzi

inžinier

mhandisi

mäsiar

mchinjaji

klampiar

fundi bomba

poštár

mwanaposta

vojak

mwanajeshi

architekt

msanifu majengo

pokladník

keshia

kvetinár

muuza maua

kaderník

msusi

sprievodca

kondakta

mechanik

mekanika

kapitán

nahodha

zubár

daktari wa meno

vedec

mwanasayansi

rabín

rabbi

imám

imamu

mních

mtawa

farár

kasisi

kladivo
nyundo

kliešte
koleo

skrutkovač
bisibisi

kľúč na skrutky
spana

baterka
kurunzi

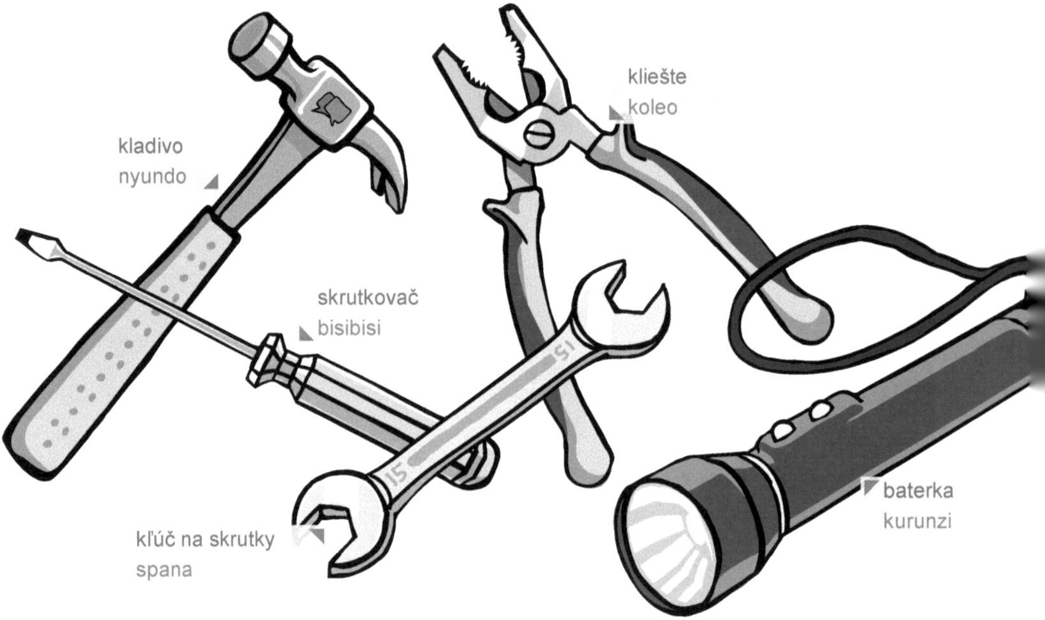

bager

mchimbaji

súprava náradia

sanduku la vifaa

rebrík

ngazi

pílka

msumeno

klince

misumari

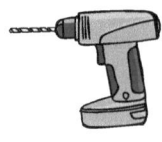

vrták

kuchimba visima

56 náradie - zana

opraviť

kukarabati

lopata

sepetu

Do čerta!

Lo!

lopatka na smeti

kishikio cha uchafu

nádoba s farbou

chungu cha rangi

skrutky

skurubu

hudobné nástroje

ala za muziki

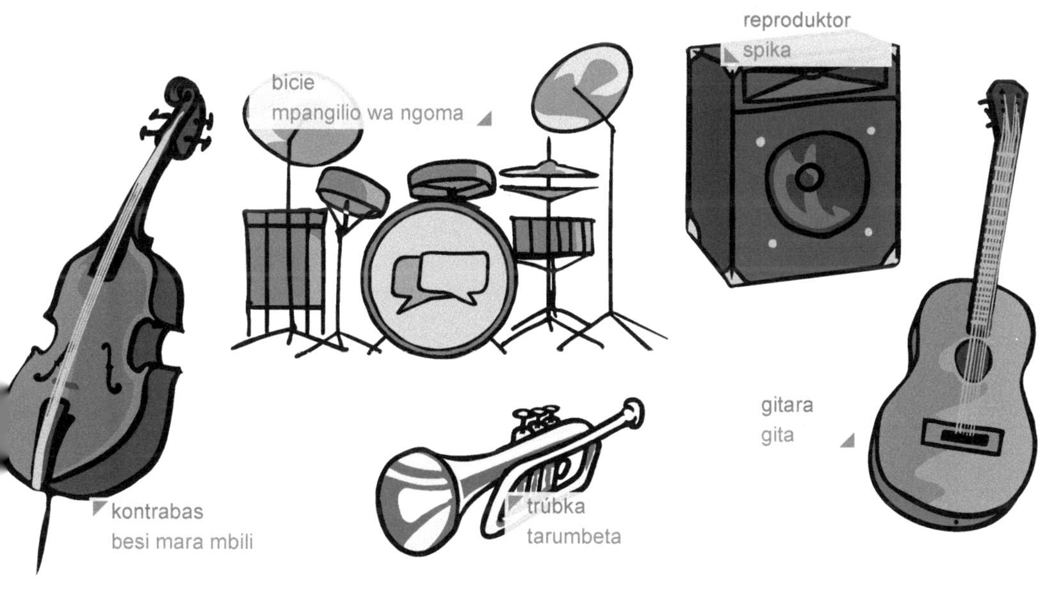

reproduktor
spíka

bicie
mpangilio wa ngoma

gitara
gita

kontrabas
besi mara mbili

trúbka
tarumbeta

klavír

piano

husle

fidla

basa

ubeji

tympany

timpani

bubon

ngoma

klávesnica

kibodi

saxofón

saksafoni

flauta

filimbi

mikrofón

maikrofoni

ZOO
bustani ya wanyama

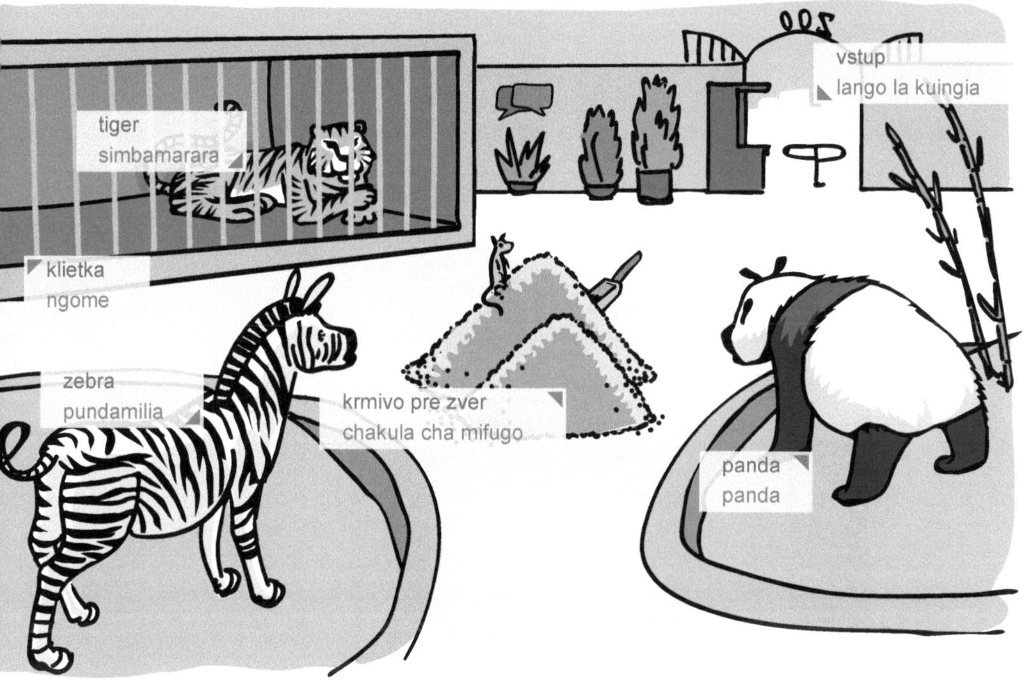

tiger
simbamarara
vstup
lango la kuingia
klietka
ngome
zebra
pundamilia
krmivo pre zver
chakula cha mifugo
panda
panda

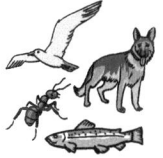

zvieratá
wanyama

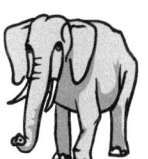

slon
tembo

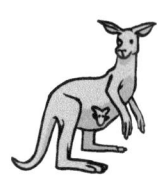

klokan
kangaruu

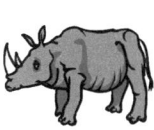

nosorožec
kifaru

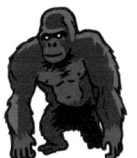

gorila
sokwe

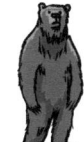

medveď
dubu

ťava
ngamia

pštros
mbuni

lev
simba

opica
tumbili

plameniak
heroe

papagáj
kasuku

ľadový medveď
dubu

tučniak
penguini

žralok
papa

páv
tausi

had
nyoka

krokodíl
mamba

ošetrovateľ v ZOO
mtunza wanyama

tuleň
muhuri

jaguár
jaguar

poník

mwanafarasi

leopard

chui

hroch

kiboko

žirafa

twiga

orol

tai

diviak

nguruwe mwitu

ryba

samaki

korytnačka

kobe

mrož

sili

líška

mbweha

gazela

paa

americký futbal
soka ya marekani

cyklistika
uendeshaji baiskeli

tenis
tenisi

basketbal
mpira wa kikapu

plávanie
kuogelea

box
ndondi

hokej
magongo ya barafuni

futbal

soka

bedminton

vinyoya

ľahká atletika

riadha

hádzaná

mpira wa mikono

lyžovanie

skii

pólo

polo

aktivity
shughuli

skočiť
kuruka
objať
kumbatia
smiať sa
cheka
chodiť
kutembea
spievať
kuimba
snívať
ota ndoto
modliť sa
kuomba
pobozkať
busu

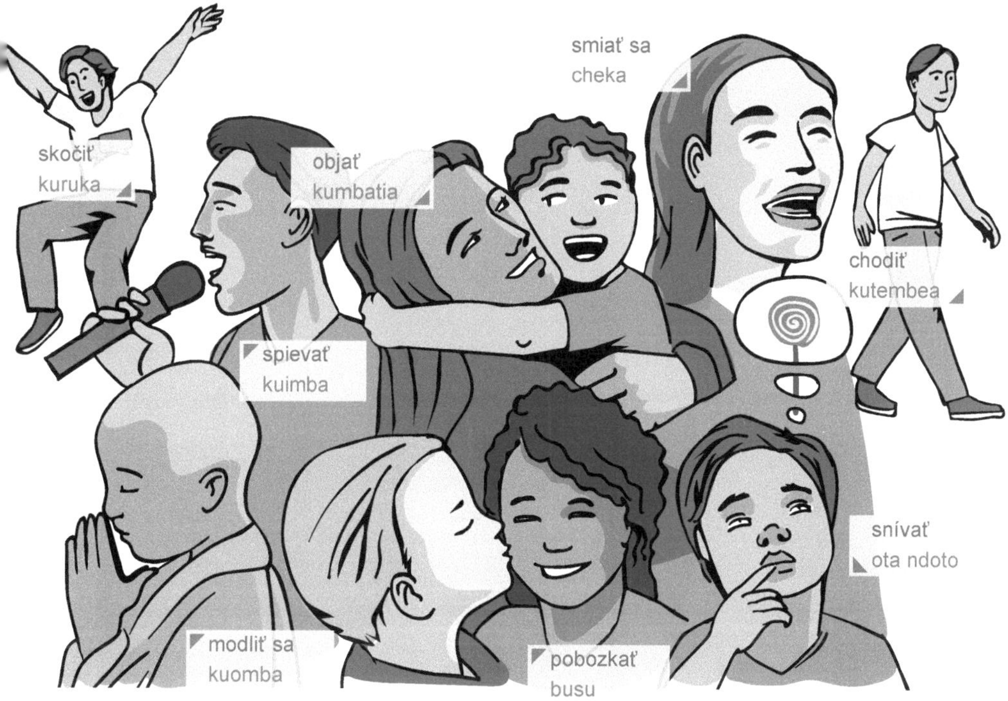

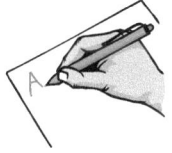

písať

kuandika

kresliť

kuteka

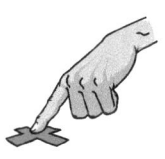

ukázať

angalia

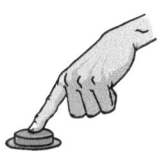

tlačiť

sukuma

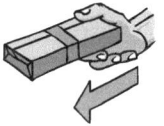

dať

kutoa

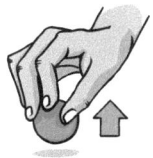

brať

kuchukua

mať
kuwa

robiť
fanya

byť
kuwa

stáť
kusimama

bežať
kukimbia

ťahať
vuta

hádzať
kutupa

padnúť
kuanguka

ležať
hadaa

čakať
kusubiri

nosiť
kubeba

sedieť
kukaa

obliecť sa
vaa nguo

spať
usingizi

zobudiť sa
kuamka

pozerať

kuangalia

plakať

lia

hladkať

kiharusi

česať

chana nywele

hovoriť

ongea

rozumieť

kuelewa

pýtať sa

kuuliza

počuť

kusikiliza

piť

kunywa

jesť

kula

upratať

nadhifisha

milovať

upendo

variť

mpishi

jazdiť

gari

letieť

kuruka

plachtiť

meli

počítať

kokotoa

čítať

kusoma

učiť sa

kujifunza

pracovať

kazi

oženiť

kuoa

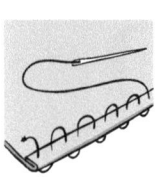

šiť

kushona

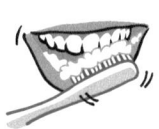

čistiť zuby

piga mswaki

zabiť

kuua

fajčiť

moshi

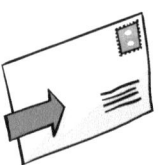

poslať

kutuma

rodina
familia

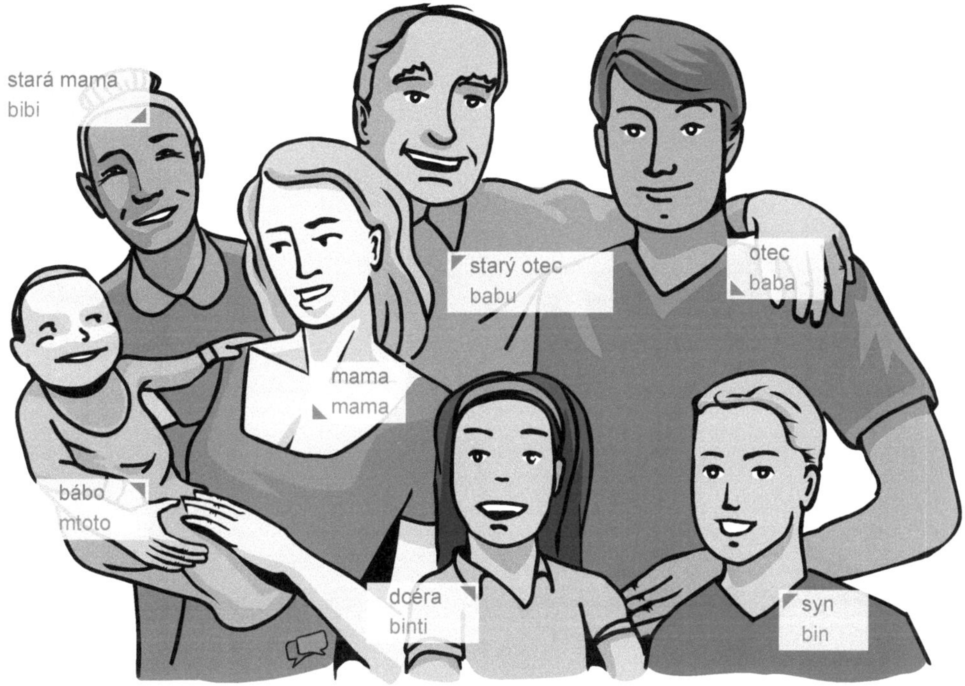
stará mama
bibi
starý otec
babu
otec
baba
mama
mama
bábo
mtoto
dcéra
binti
syn
bin

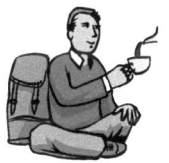

hosť

mgeni

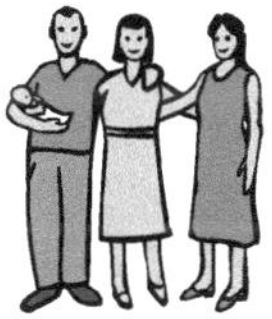

teta

shangazi

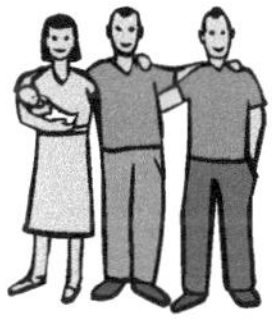

strýko

mjomba

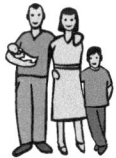

brat

kaka

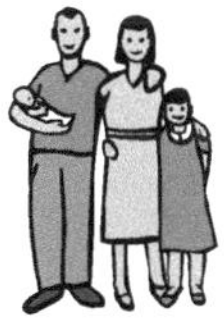

sestra

dada

telo
mwili

čelo
paji la uso
oko
jicho
plece
bega
prst
kidole
tvár
uso
brada
kidevu
ruka
mkono
noha
mguu
hruď
matiti
rameno
mkono

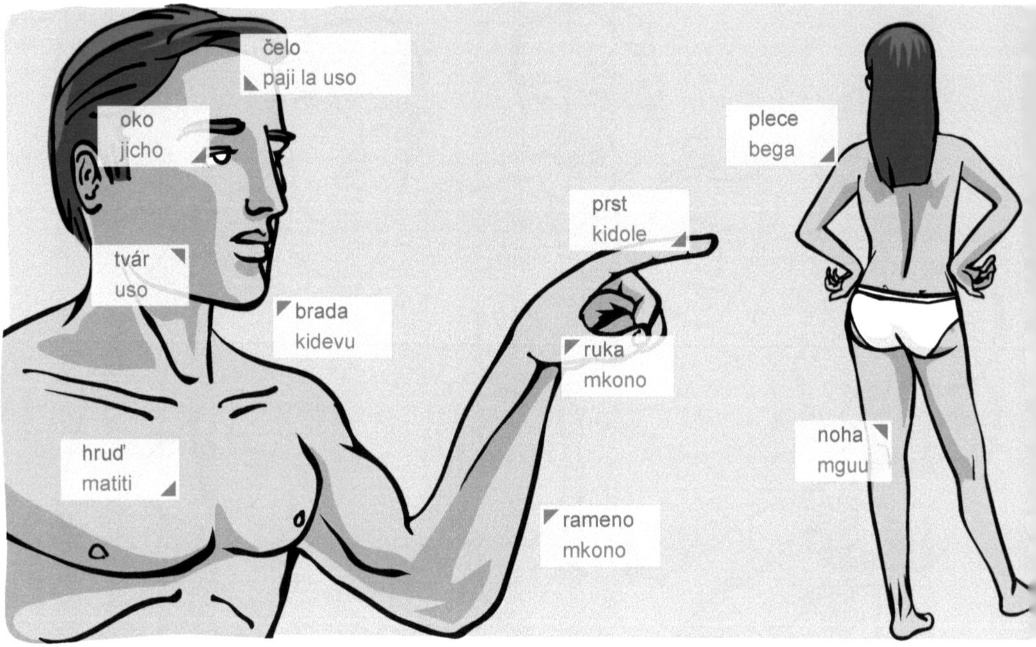

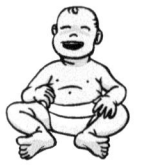

bábo
mtoto

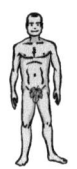

muž
mwanamume

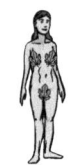

žena
mwanamke

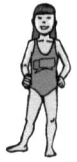

dievča
msichana

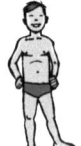

chlapec
mvulana

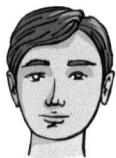

hlava
kichwa

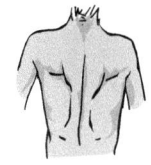

chrbát

nyuma

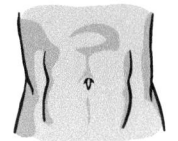

brucho

tumbo

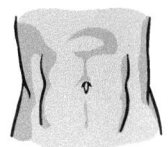

pupok

kitovu

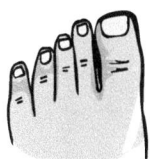

prst na nohe

chano

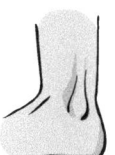

päta

kisigino

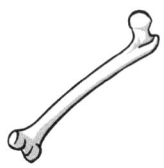

kosť

mfupa

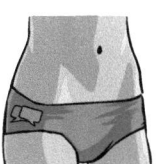

bok

nyonga

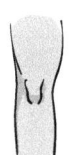

koleno

goti

lakeť

kiwiko

nos

pua

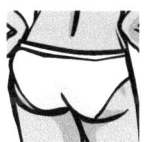

zadok

chini

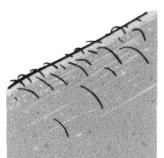

koža

ngozi

líce

shavu

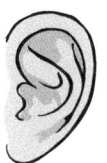

ucho

sikio

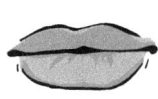

pery

mdomo

ústa
....
kinywa

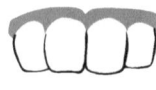

zub
....
jino

jazyk
....
ulimi

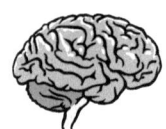

mozog
....
ubongo

srdce
....
moyo

svaly
....
misuli

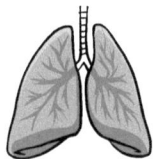

pľúca
....
pafu

pečeň
....
ini

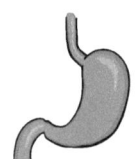

žalúdok
....
tumbo

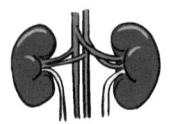

obličky
....
figo

pohlavný styk
....
jinsia

kondóm
....
kondomu

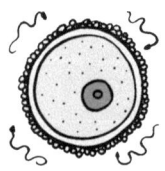

vaječná bunka
....
ovari

semeno
....
shahawa

tehotenstvo
....
mimba

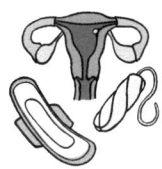

menštruácia

hedhi

vagína

uke

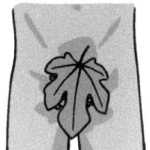

penis

uume

obočie

unyusi

vlasy

nywele

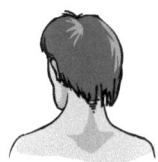

krk

shingo

nemocnica
hospitali

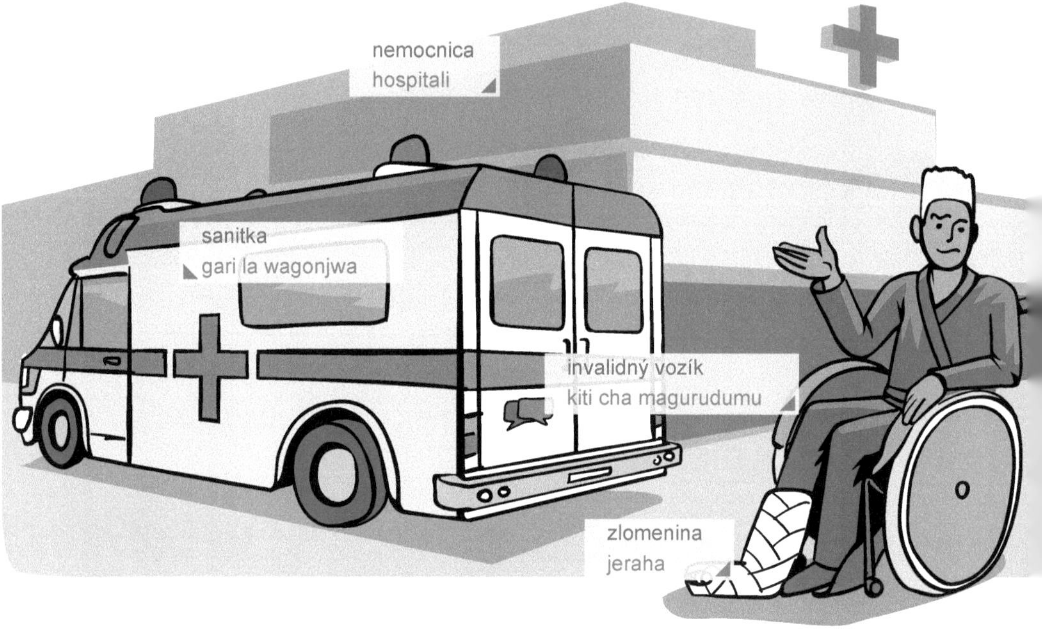

nemocnica
hospitali
sanitka
gari la wagonjwa
invalidný vozík
kiti cha magurudumu
zlomenina
jeraha

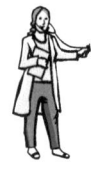

lekár

daktari

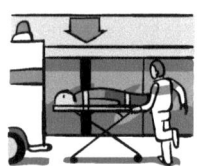

urgentný príjem

chumba cha dharura

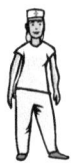

sestrička

muuguzi

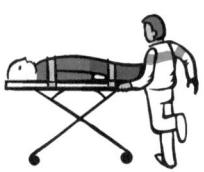

urgentný prípad

dharura

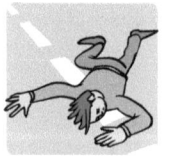

v bezvedomí

kupoteza fahamu

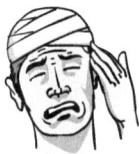

bolesť

maumivu

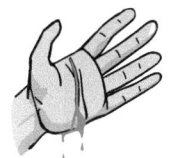

zranenie

kuumia

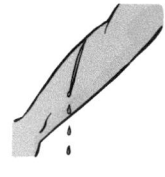

krvácanie

kutokwa na damu

srdcový infarkt

mshtuko wa moyo

mozgová porážka

kiharusi

alergia

mzio

kašeľ

kikohozi

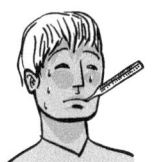

teplota

homa

chrípka

mafua

hnačka

kuharisha

bolesť hlavy

maumivu ya kichwa

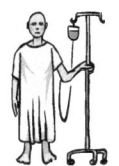

rakovina

kansa

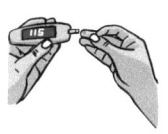

cukrovka

ugonjwa wa kisukari

chirurg

daktari mpasuaji

skalpel

kisu kidogo cha kupasulia

operácia

operesheni

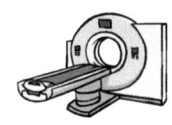

CT

picha changanufu ya mwili

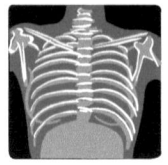

RTG

Eksrei

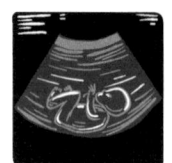

ultrazvuk

mawimbi sauti

maska

barakoa ya uso

choroba

ugonjwa

čakáreň

chumba cha kusubiri

barla

mkongojo

náplasť

plasta

obväz

bendeji

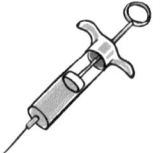

injekcia

sindano

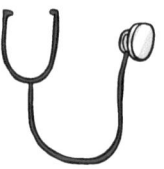

fonendoskop

stetoskopu

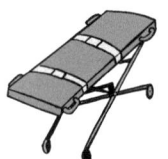

nosidlá

machela

teplomer

kipimajoto cha kliniki

pôrod

kuzaliwa

nadváha

unene kupita kiasi

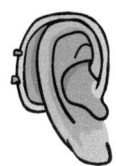

audiofón

kusikia misaada

dezinfekčný prostriedok

kipukusi

infekcia

maambukizi

vírus

virusi

HIV / AIDS

VVU / UKIMWI

medicína

dawa

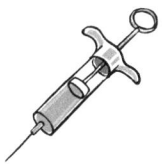

očkovanie

chanjo

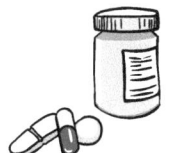

tabletky

vidonge

antikoncepčná pilulka

kidonge

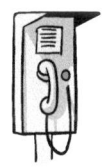

tiesňové volanie

simu ya dharura

tlakomer

haemodainamometa

chorý / zdravý

mgonjwa / mwenye afya

Pomoc!

Msaada!

alarm

kengele

prepad

pigo

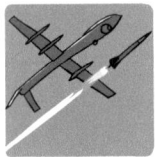

útok

shambulizi

nebezpečenstvo

hatari

núdzový východ

lango la dharura

Horí!

Moto!

hasičský prístroj

kizima moto

nehoda

ajali

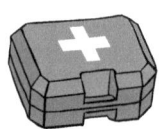

kufrík prvej pomoci

vifaa vya huduma ya kwanza

SOS

wito wa msaada

polícia

polisi

Európa

Ulaya

Severná Amerika

Amerika ya Kaskazini

Južná Amerika

Amerika ya Kusini

Afrika

Afrika

Ázia

Asia

Austrália

Australia

Atlantický oceán

Atlantiki

Tichý oceán

Pasifiki

Indický oceán

Bahari ya Hindi

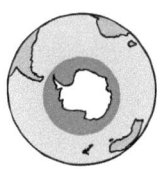

Južný oceán

Bahari ya Antaktiki

Severný ľadový oceán

Bahari ya Aktiki

Severný pól

Ncha ya Kaskazini

Južný pól

Ncha ya Kusini

Antarktída

Antaktika

Zem

dunia

krajina

nchi

more

bahari

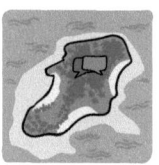

ostrov

kisiwa

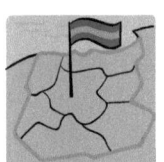

národ

taifa

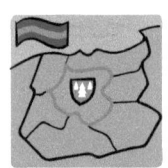

štát

jimbo

ciferník

uso wa saa

hodinová ručička

akrabu ya saa

minútová ručička

akrabu ya dakika

sekundová ručička

akrabu ya sekunde

Koľko je hodín?

Ni saa ngapi?

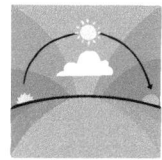

deň

siku

čas

wakati

teraz

sasa

digitálne hodiny

saa ya dijitali

minúta

dakika

hodina

saa

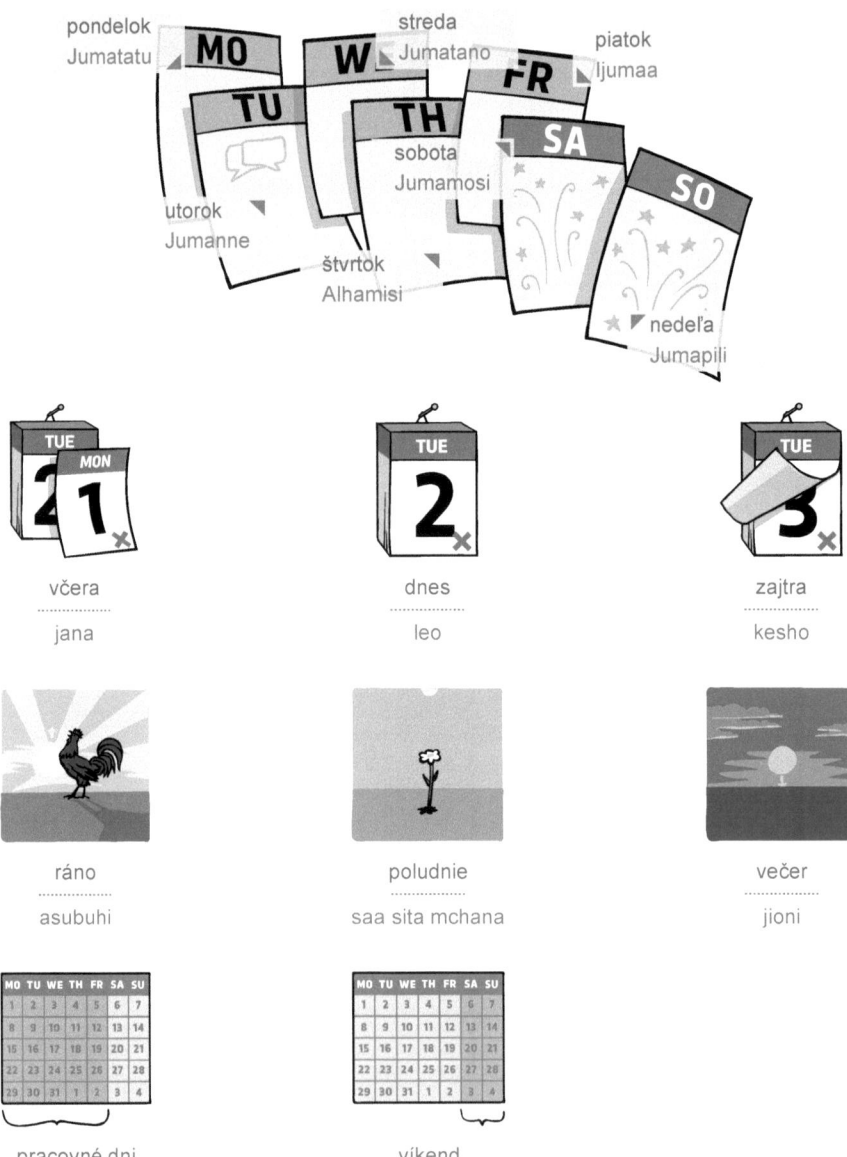

pondelok — Jumatatu	streda — Jumatano	piatok — ljumaa
utorok — Jumanne	štvrtok — Alhamisi	sobota — Jumamosi
		nedeľa — Jumapili

včera	dnes	zajtra
jana	leo	kesho

ráno	poludnie	večer
asubuhi	saa sita mchana	jioni

pracovné dni	víkend
siku za biashara	mwishoni mwa wiki

dážď
mvua

dúha
upinde wa mvua

sneh
theluji

vietor
upepo

jar
majira ya machipuko

leto
kiangazi

jeseň
vuli

zima
majira ya baridi

4.APRIL	11°	☀
5.APRIL	4°	🌧
6.APRIL	13°	⛈
7.APRIL	8°	❄
8.APRIL	10°	☀

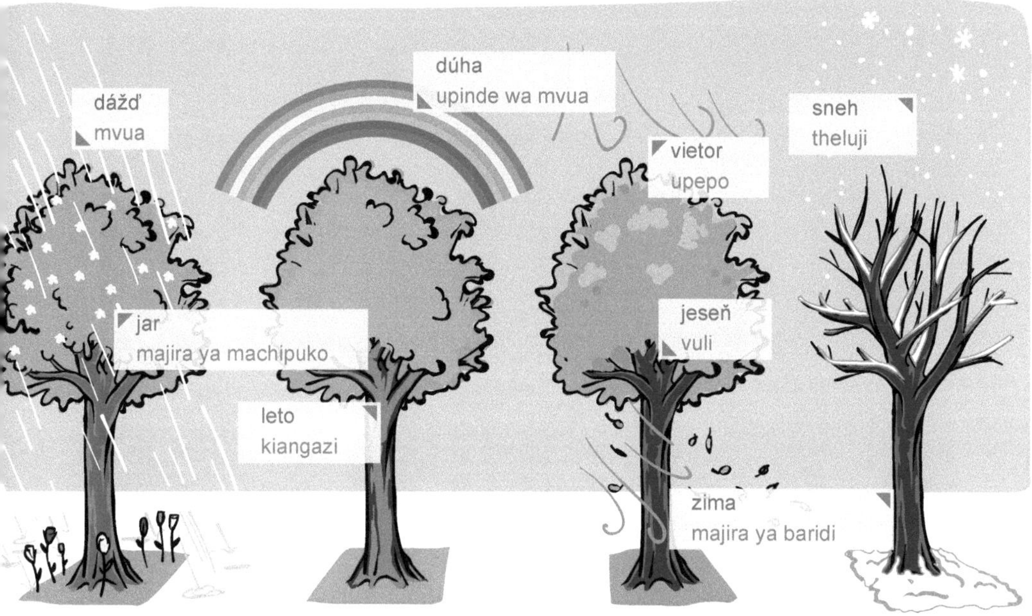

predpoveď počasia

utabiri wa hali ya hewa

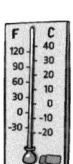

teplomer

kipimajoto

slnečný svit

mwanga wa jua

oblak

wingu

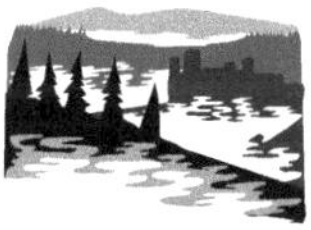

hmla

ukungu

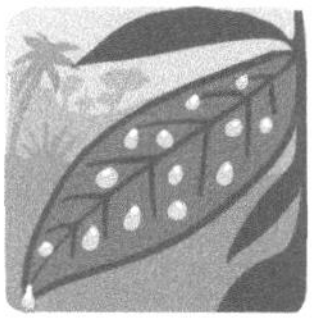

vlhkosť vzduchu

unyevu

blesk
umeme

hrom
radi

búrka
dhoruba

krúpy
mvua ya mawe

monzún
monsuni

záplava
mafuriko

ľad
barafu

január
Januari

február
Februari

marec
Machi

apríl
Aprili

máj
Mei

jún
Juni

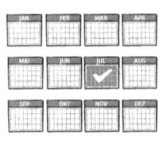

júl
Julai

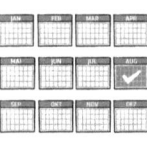

august
Agosti

september
....
Septemba

október
....
Oktoba

november
....
Novemba

december
....
Desemba

tvary

maumbo

kruh
....
mduara

štvorec
....
mraba

obdĺžnik
....
mstatili

trojuholník
....
pembetatu

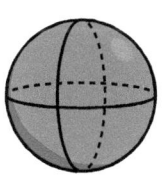

guľa
....
nyanja

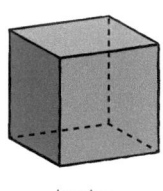

kocka
....
mchemraba

biela

nyeupe

žltá

manjano

oranžová

chungwa

ružová

rangi ya waridi

červená

nyekundu

fialová

hudhurungi

modrá

bluu

zelená

kijani

hnedá

hanja

šedá

jivujivu

čierna

nyeusi

veľa / málo

mengi / kidogo

zúrivý / pokojný

hasira / pole

pekný / škaredý

nzuri / mbaya

začiatok / koniec

mwanzo / mwisho

veľký / malý

kubwa / ndogo

svetlý / tmavý

angavu / giza

brat / sestra

kaka / dada

čistý / špinavý

safi / chafu

úplný / neúplný

kamilika / tokamilika

deň / noc

siku / usiku

mŕtvy / živý

wafu / hai

široký / úzky

pana / nyembamba

chutný / nechutný

kulika / kutolika

zlostný / láskavý

ovu / ema

vzrušený / unudený

sisimkwa / udhika

tlstý / chudý

nene / nyembamba

prvý / posledný

kwanza / mwisho

priateľ / nepriateľ

rafiki / adui

plný / prázdny

jaa / tupu

tvrdý / mäkký

ngumu / laini

ťažký / ľahký

nzito / nyepesi

hlad / smäd

njaa / kiu

chorý / zdravý

mgonjwa / mwenye afya

nelegálny / legálny

haramu / kisheria

inteligentný / hlúpy

akili / kijinga

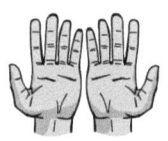

vľavo / vpravo

kushoto / kulia

blízko / ďaleko

karibu / mbali

nový / použitý

mpya / kutumika

nič / niečo

kitu / jambo

starý / mladý

zee / changa

zapnuté / vypnuté

waka / zima

otvorené / zatvorené

wazi / fungwa

tichý / hlasný

utulivu / kelele

bohatý / chudobný

tajiri / masikini

správne / nesprávne

sahihi / kosa

drsný / hladký

mbaya / laini

smutný / šťastný

huzunika / furahia

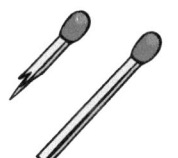

krátky / dlhý

fupi /ndefu

pomaly / rýchlo

polepole / haraka

mokrý / suchý

nyevu / kavu

teplý / studený

joto / baridi

vojna / mier

vita / amani

0

nula

sufuri

1

jeden

moja

2

dva

mbili

3

tri

tatu

4

štyri

nne

5

päť

tano

6

šesť

sita

7

sedem

saba

8

osem

nane

9

deväť

tisa

10

desať

kumi

11

jedenásť

kumi na moja

12

dvanásť

kumi na mbili

13

trinásť

kumi na tatu

14

štrnásť

kumi na nne

15

pätnásť

kumi na tano

16

šestnásť

kumi na sita

17

sedemnásť

kumi na saba

18

osemnásť

kumi na nane

19

devätnásť

kumi na tisa

20

dvadsať

ishirini

100

sto

mia

1.000

tisíc

elfu

1.000.000

milión

milioni

angličtina

Kiingereza

americká angličtina

Kiingereza cha Marekani

mandarínska čínština

Kimandarini cha Uchina

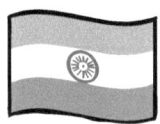

hindčina

Kihindi

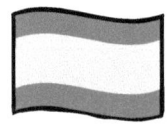

španielčina

Kihispania

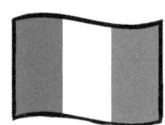

francúzština

Kifaransa

arabčina

Kiarabu

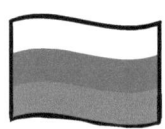

ruština

Kirusi

portugalčina

Kireno

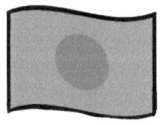

bengálčina

Kibengali

nemčina

Kijerumani

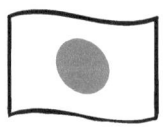

japončina

Kijapani

ja

mimi

ty

wewe

on/ona/ono

yeye / yeye / ni

my

sisi

vy

wewe

oni

wao

kto?

nani?

čo?

nini?

ako?

jinsi gani?

kde?

wapi?

kedy?

lini?

HELLO, I AM

meno

jina

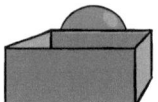

za
nyuma

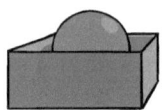

v
katika

pred
mbele ya

nad
juu ya

na
kwenye

pod
chini ya

vedľa
kando

medzi
kati

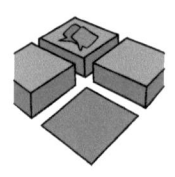

miesto
mahali